Alfred Fouillée

Psychologie de l'Esprit français autrefois et aujourd'hui

Essai

Alfred Fouillée

Psychologie de l'Esprit français autrefois et aujourd'hui

Essai

Table de Matières

Introduction

Quand Descartes disait qu'il faut savoir se rendre justice à soi-même, pour les qualités comme pour les défauts, sa parole s'appliquait encore mieux aux nations qu'aux individus. Le fatalisme psychologique et historique sous toutes ses formes, principalement sous les plus décourageantes, voilà ce qui se répand de nos jours et ce qu'il importe de combattre. Est-il vrai que nous soyons condamnés, de par notre caractère national, à telle ou telle forme inférieure d'esprit, qui nous menace d'une déchéance plus ou moins prochaine ; ou, malgré des défauts et des vices qu'il ne faut pas se dissimuler, qu'il importe même de mettre en lumière, demeurons-nous, jusque dans notre « fin de siècle », assez bien doués par la nature et par la longue hérédité des âges pour avoir la possibilité, par conséquent le devoir, de nous maintenir haut ? La France, semble-t-il, est de ces nations qui doivent se souvenir que « noblesse oblige. »

Section I

Il est sans doute impossible d'enfermer un peuple dans une définition ; car un peuple présente non seulement des variétés individuelles, mais aussi des variétés provinciales et locales. Un Flamand ne ressemble guère à un Marseillais, un Breton à un Gascon. Peut-on nier cependant que, considérés en général et dans leur esprit collectif, les Français ont quelque chose de commun, qu'ils soient Flamands ou Marseillais ? Il y a un caractère national auquel participent plus ou moins les individus, mais qui subsiste alors même qu'on ne parvient pas à le retrouver chez tels individus ou tels groupes. Le caractère national, en effet, n'est pas la simple somme des caractères individuels. Au sein d'une société aussi fortement organisée que l'est une nation, il se produit nécessairement entre les individus des actions mutuelles qui aboutissent à une manière générale de sentir, de penser et de vouloir, très différente de ce que peuvent être les esprits particuliers. Le caractère national n'est même pas simplement le *type moyen* qu'on obtiendrait si l'on pouvait imiter, pour les esprits, le procédé de Galton pour les photographies et obtenir une image collective ou « générique » : ce ne serait là qu'une sorte de résultante passive et mécanique. Les visages que la photographie reproduit et combine n'ont pas d'action et ne sont pas des causes : tandis que le caractère national a une action différente des actions individuelles, capable d'exercer une sorte de pression et de contrainte sur les individus eux-mêmes ; il n'est pas seulement effet, il est cause à son tour ; il n'est pas seulement façonné par les individus, il les façonne. En outre, le type collectif et moyen des Français d'aujourd'hui, par exemple, n'est pas la représentation adéquate du vrai caractère français, parce que chaque peuple a une histoire, des traditions séculaires, et qu'il se compose, selon le mot connu, de morts bien plus que de vivants. Le caractère français résume des actions sociales prolongées à travers les siècles, indépendantes de la génération présente, s'imposant à elle par toutes les idées nationales, par les sentiments nationaux, par les institutions nationales. C'est le poids de l'histoire entière que l'individu subit dans ses rapports avec ses concitoyens. Il en résulte que le caractère national n'est pas toujours le mieux exprimé par la foule, par ce qu'on nomme le vulgaire, ni même par la majorité présente. Il y a une élite naturelle qui, mieux que tout le reste, représente l'âme d'un peuple entier, sa pensée la plus profonde et sa volonté la plus essentielle. C'est ce qu'oublient trop nos politiciens. Essayons donc de dégager la vraie physionomie nationale, avec ses qualités et ses imperfections ; et recherchons si, de nos jours, elle s'est altérée.

Au point de vue de la sensibilité, nous sommes toujours la nation excitable dont parlait Strabon, et les Allemands nous reprochent notre *Erregbarkeit*. Question de tempérament. L'explication physiologique de ce fait semble un excès héréditaire de tension dans les nerfs et dans les centres sensitifs. Ajoutons que, chez le sanguin-nerveux, la sensibilité a un appétit inné de toutes les excitations agréables, une naturelle horreur de toutes les impressions pénibles et déprimantes ; on peut donc s'attendre à ce que, chez le Français, les sentiments qui stimulent et exaltent la vitalité l'emportent, au détriment de ceux qui arrêtent ou retardent l'élan, qui exigent un effort, surtout de ceux qui aboutissent à une dépression plus ou moins momentanée. Aussi avons-nous toujours, comme nos ancêtres, la pente au plaisir et à la joie sous toutes les formes, principalement les plus spontanées et les plus faciles. Nous sommes restés, en général, moins capables de passion profonde que d'enthousiasme ; j'entends par-là une exaltation soudaine, parfois passagère, sous l'influence de quelque grande idée et du sentiment qu'elle excite. Changez l'idée, détournez l'esprit vers une nouvelle voie par de nouveaux raisonnements, l'orientation des sentiments changera du même coup, parce qu'ils étaient moins l'expression propre de l'être intime que le passage en lui d'un courant intellectuel venu de plus haut.

Le second trait de la sensibilité française est, encore aujourd'hui, sa direction centrifuge ou expansive ; et ce caractère semble principalement celtique. Il est d'ailleurs fréquent chez le tempérament sanguin-nerveux, qui n'est pas concentré ni intensif, mais plutôt diffusif, communicatif et rayonnant. On en peut déduire une importante conséquence. Rapprochez un grand nombre d'hommes ayant cette sensibilité vive et débordante : il en résultera nécessairement une action et réaction offrant rapidité et intensité : c'est dire que la sympathie s'établira vite et que tous ces hommes vibreront à l'unisson. Le développement supérieur de l'instinct social en France a sans doute encore des causes intellectuelles et historiques, mais son premier germe nous paraît être dans cette contagion rapide de sensibilités expansives chez qui la suggestion mutuelle est portée au suprême degré. Au fait, est-il peuple sur lequel la vie collective ait eu et ait encore plus d'influence que sur les Français, qui ont toujours besoin de se sentir en harmonie avec les autres ? La solitude nous pèse ; si l'union fait pour nous la force, elle fait aussi pour nous le bonheur. Nous ne pouvons consentir à penser seuls, à sentir seuls, à jouir seuls ; nous ne pouvons séparer la satisfaction d'autrui de notre satisfaction propre. Aussi avons-nous souvent la naïveté de croire que ce qui nous rend heureux rendra heureux le monde, que toute l'humanité doit penser et sentir comme la France. De là notre prosélytisme, de là le caractère contagieux de notre esprit national, qui finit souvent par entraîner les autres nations elles-mêmes, malgré le flegme naturel des unes et la défiance prudente des autres. Le revers de cette qualité, c'est une certaine tyrannie de bonne volonté à l'égard de nos semblables, qui fait que nous voulons absolument les amener à sentir et à penser comme nous. Souvent aussi, quand nous sommes de nature moins

Alfred Fouillée

impérieuse, nous choisissons le plus court chemin, qui est de sentir nous-mêmes et de penser comme les autres, sans en chercher plus long.

Les peuples sont optimistes quand ils ont le tempérament sanguin-musculaire très développé, et aussi quand ils habitent un climat riant ; ils sont du même coup disposés à sacrifier l'avenir, dont ils ne doutent jamais, au moment actuel. Ces tendances de caractère sont restées fréquentes en France. Avec la belle humeur, nous avons l'espoir facile, la confiance en nous, en tous et en tout. Le Français aime à rire. La gaieté est d'ailleurs un sentiment très sociable. Elle suppose deux conditions : la première, c'est la prédominance de l'expansion vers autrui sur la concentration en soi : le Germain, l'Anglo-Saxon n'est pas rieur. La seconde condition, c'est qu'on puisse rire et même rire des autres sans craindre de leur part longue rancune et vengeance ; il y a des plaisanteries qui coûtent trop cher : l'Espagnol, l'Italien, ne sont pas rieurs.

La volonté, chez le peuple français, a conservé le caractère explosif, centrifuge et rectiligne qu'elle avait déjà chez les Gaulois. Un physiologiste dirait que le mécanisme impulsif l'emporte sur celui de l' « inhibition » ou de l'arrêt. Comme nos ancêtres, nous poussons souvent le courage jusqu'à la témérité, l'amour de la liberté jusqu'à l'indiscipline ; mais, notre volonté procédant plutôt par décharges soudaines que par lent travail, il en résulte que nous sommes bientôt fatigués de vouloir ; nous retombons donc à la fin sous la règle habituelle, dans la routine journalière. Un défaut des volontés spontanées, c'est la soudaineté excessive des résolutions. De là, parfois, cette légèreté et cette étourderie tant reprochées. En revanche, notre volonté spontanée et expansive a cet avantage d'être portée à la droiture par son premier mouvement. La dissimulation exige réflexion, retour sur soi et arrêt de la volonté ; les calculs de la ruse demandant une longue prévoyance et de la persévérance : nous n'avons pas la vocation. Le Français conforme au type traditionnel est sincère et ouvert par tempérament. Son imagination seule ou le désir de briller devant la galerie lui fera altérer plus ou moins consciemment la vérité : il dérange pour arranger, il brode. C'est moins souvent chez lui calcul qu'exubérance d'humeur. Il a toujours un peu du Gascon, alors même qu'il est Celte ou Franc.

Chez les natures qui ont ainsi pour caractéristique, avec une sensibilité vive, l'élan de la volonté, on peut s'attendre à une intelligence également primesautière, qui, comme un rayon lumineux, va droit devant elle sans assez regarder derrière soi ni autour de soi. La facilité est notre premier don intellectuel. Elle a ses avantages et ses dangers ; elle produit l'assimilation rapide, mais parfois peu durable ; elle entraîne une sorte de malléabilité qui, au milieu de circonstances changeantes, peut aboutir à l'inconstance. Elle empêche aussi parfois d'approfondir le détail en permettant de saisir les ensembles avec trop de rapidité. Saint-Evremond a dit : « Il n'est rien que l'intelligence du Français ne puisse faire, pourvu qu'il veuille bien se donner la peine de réfléchir » ; c'est une peine que, de sa nature, il n'est guère porté à prendre : confiant en sa souplesse native, toujours pressé d'arriver au but, il juge trop vite. Si ce jugement est rarement faux de tout point, il est souvent incomplet, borné à un seul aspect des choses. Et comme le côté le plus accessible au premier coup d'œil est la surface, comment s'étonner que l'intelligence moyenne, en France, se montre souvent superficielle ? Elle se sauve par la justesse et la précision du coup d'œil, qui lui permet de voir mieux en un instant que tel esprit lourd en une heure.

Chez les intelligences qui ont ainsi démarche prompte et perception vive, l'amour de la clarté est inévitable : l'obscurité est une gêne et un obstacle à leur mouvement naturel ; aussi leur est-elle antipathique. De même, l'ordre des idées, offrant aux esprits spontanés une facilité de plus, ne peut manquer de leur plaire. En France, nous sommes portés vers tout ce qui simplifie. Cet amour de la simplification s'accommode à son tour des idées abstraites et générales, qui nous offrent en même temps l'avantage d'être les plus communicatives et, en quelque sorte, les plus sociales. Nous aimons la lucidité jusqu'à exclure tout ce qui est simplement suggestif. Une notion vague est pour nous sans valeur, malgré ce qu'elle pourrait faire naître de sentiments et même de demi-pensées. « La vérité, dit Pascal, est une pointe subtile » ; tout ce qui n'est pas cette pointe, nous le dédaignons. Ce serait bien si nous tombions toujours juste et touchions le point mathématique ; mais, pour tout esprit imparfait, une idée vague et large peut envelopper parfois plus de vérité qu'une idée précise et étroite.

La nature des sensations et sentiments commande celle des

images : le Français n'a généralement pas l'imagination très forte. Sa vision intérieure n'a ni l'intensité hallucinatoire ni la fantaisie exubérante de l'esprit germain et anglo-saxon : elle est plutôt une vue intellectuelle et lointaine qu'une résurrection sensitive, qu'un contact et une possession immédiate des choses mêmes. Portée à déduire et à construire, notre intelligence excelle moins à se représenter des choses *réelles* qu'à découvrir des enchaîne-mens de choses *possibles* ou *nécessaires*. En d'autres termes, c'est une imagination logique et combinatrice, qui se plaît à ce qu'on a nommé le dessin abstrait de la vie [1]. Les Chateaubriand, les Hugo, les Flaubert et les Zola sont chez nous exceptionnels. Nous raisonnons plus que nous n'imaginons, et ce que nous imaginons le mieux, ce n'est pas le monde extérieur, c'est le monde interne des sentiments et surtout des pensées.

La nature de la sensibilité et de la volonté ne détermine pas seulement la forme et les procédés naturels de l'intelligence ; elle entraîne encore le choix des objets auxquels la pensée s'attache ; on peut donc prévoir que les idées qui ont un caractère social et humain seront particulièrement en harmonie avec l'esprit français. Dans leur application à la société, les idées générales deviennent les idées généreuses ; ce sont celles qui eurent toujours en France la plus grande chance de succès. Geist, Lazarus, qui se sont occupés de la psychologie des peuples, constatent ce penchant à se détacher de soi au profit d'une idée, parfois même d'un « être de raison ». Nous concevons et voulons tout, non pas sans doute, à la manière de Spinoza, sous l'aspect de l'éternel, mais du moins sous l'aspect de l'universel. Pour cela, nous faisons subir à nos idées une triple opération. Nous ne les avons pas plutôt conçues que nous les objectivons, au nom de ce principe cartésien et français que « ce qui est conçu clairement est vrai » ! puis, toute vérité devant être universelle, nous érigeons nos idées en lois ; enfin, l'universalité même n'étant complète que si elle embrasse les faits dans son sein, nous traduisons nos idées en actes. Ce besoin de réalisation objective est impérieux : notre impatience intellectuelle ne s'accommode pas de temporiser. Nous ne nous contenterons jamais de la contemplation pure et comme platonique : nous sommes individuellement dogmatiques et pratiques. Quand notre dogme se trouve vrai, rien de mieux ; nous sommes alors capables des plus grandes choses. Mais si, par malheur, nous avons raisonné faux, nous allons jusqu'au bout de notre erreur, et nous finissons par nous briser le front à la réalité inflexible.

Ces qualités natives de la race, jointes à la culture latine, devaient aboutir au rationalisme français. Déjà la « raison » avait joué chez les Romains un rôle directeur et y avait pris la forme de la législation universelle, mais c'était pour un but de domination : le cosmopolitisme romain mettait le monde entier au service de Rome, beaucoup plutôt que Rome au service du monde. Le catholicisme s'éleva à un point de vue plus largement, humain. Enfin la double influence romaine et chrétienne trouva la France toute prête pour porter le rationalisme à sa plus haute puissance, en le dégageant de l'intérêt politique ou religieux et en lui donnant une portée philosophique. L'intellectualisme français est fondé sur la persuasion que, dans la réalité des choses, tout est intelligible, sinon pour notre science imparfaite, du moins pour une science achevée. Le génie allemand, au contraire, entrevoit partout quelque chose d'impénétrable à l'intelligence et suppose que, par le sentiment ou par la volonté, on peut y atteindre : il admet dans la réalité de l'infra-logique ou du supra-logique. Ce qui est au-dessous de la raison et plus fondamental qu'elle, c'est la nature : de là le naturalisme germanique ; ce qui est au-dessus de la raison, c'est le divin : de là le mysticisme germanique. En outre, comme l'au-dessus et l'au-dessous se confondent indiscernables en une même nuit, naturalisme et mysticisme en viennent à se fondre eux-mêmes dans l'esprit allemand. Le génie français, au contraire, n'est ni naturaliste ni mystique ; il ne peut pas plus se contenter du fait brut et obscur que du sentiment et de la foi, plus obscurs encore : il aime par-dessus tout la raison et les raisons. C'est nous, plutôt que l'Allemand Gœthe, qui pourrions-nous écrier : « De la lumière, plus de lumière ! »

La raison « tend essentiellement à l'unité », comme disait Platon. Notre amour de l'unité nous rapproche encore des anciens et surtout des Romains, qui l'ont développé en nous. Il produit une certaine intolérance intellectuelle pour tout ce qui s'écarte de l'opinion régnante, parfois même de notre opinion propre, — que nous sommes naturellement portés à trouver la seule rationnelle. Notre esprit est doctrinaire d'instinct. Heureusement, notre désir

Alfred Fouillée

de gagner la sympathie des autres nous induit à leur faire tant de concessions.

Portez à leur plus haut degré les qualités de l'intelligence française, vous aurez cette faculté d'analyse qui parfois dénoue les questions les plus embrouillées, qui égale en subtilité la subtilité des choses, qui les ramène à leurs éléments intelligibles, les détermine et les définit, puis les classe en bon ordre et les réduit sous le joug des lois. Vous aurez encore ce talent de déduction qui suit le fil délié du raisonnement à travers tous les labyrinthes sans laisser échapper un seul anneau de la chaîne des raisons ; vous aurez cette dialectique rappelant celle des Grecs, mais plus sensée et moins sophistique. Vous aurez enfin ce don de simplifier la réalité en la réduisant, comme fait le mathématicien, à ses éléments essentiels, et d'en obtenir ainsi une représentation fidèle, quoique abstraite, une projection lumineuse sur le plan de notre esprit. A cet art de décomposer et d'expliquer ce qui est, joignez encore le talent plus rare de deviner ce qui peut être ou ce qui doit être, vous aurez le génie d'invention mathématique et logique qui fut fréquent en France. Une des sciences où la France a excellé, excelle encore, c'est la mathématique. Notre école de géomètres est, de nos jours même, au premier rang. Mais l'esprit de géométrie n'empêche pas l'esprit de finesse : ne sont-ce pas les Descartes et les Pascal qui furent à la fois si rigoureux géomètres et si fins penseurs ? L'aptitude à découvrir des rapports, caractéristique du génie français, explique le plaisir que nous éprouvons à jouer avec les idées mêmes, à les combiner de mille manières, à les mettre tantôt en harmonie, tantôt en contraste. Si le rapport découvert est à la fois juste et inattendu, notre facilité à saisir ainsi le difficile et à l'exprimer sous une forme piquante constitue l' « esprit ». L'humour germanique ou britannique, avec son âpreté et son amertume, exprime plutôt l'indépendance du moi sensitif et volontaire, qui se pose en face des autres moi pour s'affirmer ; l' « esprit » français, lui, a quelque chose de plus purement intellectuel et, dans sa malice même, de plus désintéressé : c'est moins un choc de personnalités qu'un choc d'idées, d'où jaillissent des étincelles. Quand le moi s'y introduit, c'est sous la forme sociale de la vanité mondaine : désir de plaire aux autres en les amusant.

Diminuez à la fois la largeur et la profondeur de l'intelligence française, mais en lui laissant sa clairvoyance et sa justesse, vous aurez le bon sens à la fois théorique et pratique, aigu chez les uns, obtus chez tant d'autres. Ennemi des aventures et aussi du terre à terre, le sens commun est la qualité des masses celto-slaves plutôt que des races germaniques et Scandinaves ou même des races méditerranéennes ; aussi est-il fréquent chez nos paysans et chez nos bourgeois : il s'accommode avec la constante préoccupation de l'intérêt positif et immédiat. Ajoutons que, trop souvent, le bon sens nuit à l'originalité. « L'homme, en France, dit Gœthe, qui ose penser et agir d'une manière différente de tout le monde, est un homme d'un grand courage. Nul peuple n'a au même degré et le sens et la peur du ridicule : le moindre écart de la forme harmonieuse, parfois de la forme convenue, choque son goût. » Tout ce qui est trop personnel paraît excentrique et comme empreint d'égoïsme à notre esprit éminemment sociable.

Tels sont les caractères traditionnels du génie français. Sont-ils changés de nos jours, au point de faire croire à une sorte de désorganisation psychologique ? Il ne le semble pas. La mode, dont nous sommes toujours esclaves, peut bien produire chez nous un engouement tantôt pour l'esprit slave, tantôt pour l'esprit Scandinave ; nous nous ouvrons davantage à des idées et à des sentiments exotiques ; au fond, nous demeurons Français.

Section II

La langue d'une nation est à son caractère ce que les traits du visage sont au caractère de l'individu : la philologie est une physionomie. Bien plus, selon la remarque de M. de Hartmann, « les formes de la langue nationale règlent les mouvements de l'imagination. » Le génie de la France s'est imprimé dans la langue reçue des Romains. Débarrassée de ses plis solennels, cette langue court, agile et légère, toute prête pour la pensée, la parole, l'action. Le besoin d'avoir un idiome éminemment propre aux rapports sociaux est une des raisons qui firent du français un langage si analytique, par cela même si clair, où le faux détonne comme sur un instrument bien accordé. Le français exprime en autant de mots distincts non seulement les idées principales, mais encore les idées accessoires, souvent même les simples notions de rapport. Ainsi la pensée se déploie en son ordre logique plutôt que passionnel et « pathétique ». Ce n'est ni le sentiment personnel ni le caprice de la volonté qui marquent la position des mots, de manière à mettre en avant tantôt l'un, tantôt l'autre, par un perpétuel changement des plans du tableau : la raison impose sa loi, proscrit les inversions, rejette même les mots composés et les néologismes, qui permettent à l'écrivain de se faire une langue pour lui seul. C'est pourquoi ce qui a passé dans notre langue est devenu accessible à l'universelle société des esprits. Le sentiment même n'y peut pénétrer que par l'intermédiaire de l'idée, et il est obligé de s'y réduire à des nuances pour la plupart intellectuelles. Jusque dans l'expression des pensées les plus personnelles, la langue française exige une certaine impersonnalité et comme une part de sympathie universelle. Elle veut qu'on plane en commun dans une région lumineuse, avec des horizons clairs et vastes de tous côtés. De là cette horreur excessive du « nocturne » et de tous les « clairs de lune transcendantaux », chers aux Germains ; de là aussi cette peur de l'expression trop violente ou simplement trop énergique et trop concise, de tout ce qui peut avoir un accent brutal et sauvage, par cela même insociable. Elle a « une probité », elle a aussi une douceur « attachée à son génie. »

Est-ce donc que notre langue ait vraiment le degré d'absolue « objectivité » qui lui est attribué d'ordinaire ? Non, car si nous n'introduisons pas dans les objets exprimés nos passions « subjectives », nous leur imposons une certaine forme logique et esthétique qui n'est pas toujours en harmonie avec le fond réel. Notre langue, en effet, n'use pas exclusivement des procédés analytiques que nous venons d'indiquer ; elle offre aussi un genre particulier de synthèse qu'on n'a pas assez remarqué, et qui consiste dans une disposition généralement trop rectiligne imposée aux idées par l'écrivain. Pour exprimer les choses, nous commençons par les simplifier, fussent-elles réellement complexes (et surtout quand elles sont complexes) ; puis nous les alignons et leur prêtons une certaine symétrie qui est notre fait ; nous ne moulons pas notre phrase sur le bloc des choses, nous sculptons ce bloc pour lui donner une forme intelligible et belle. En un mot, nous sommes à la fois logiciens et artistes dans la construction de nos phrases : au lieu de prendre tout ce que la réalité nous offre, nous choisissons ce qui est régulier ou ce qui est beau ; au lieu d'être les esclaves du réel, nous l'idéalisons à notre manière. De là aux procédés et aux abus de la logique abstraite ou de la rhétorique, facile est la pente : c'est alors que vraiment, selon le mot très français de Buffon, « le style est l'homme », au lieu d'être la chose même immédiatement présente. Dans la philosophie et les sciences morales, l'inconvénient est plus grand qu'ailleurs. C'est le revers de nos qualités de clarté, de précision et de finesse.

A notre époque, une sorte de réaction se produit chez les écrivains, qui trop souvent dépasse le but ; on éprouve le besoin, pour assouplir notre idiome, de le rendre moins géométrique, tantôt plus significatif et vivant, tantôt plus suggestif et symbolique. Malgré le ridicule de certaines tentatives récentes, il y a là une aspiration légitime. Notre langue est restée assez solide pour n'avoir pas à craindre ceux mêmes qui s'intitulent « décadents ». Rattachée à la tradition latine par une merveilleuse filiation qu'on peut suivre à travers les âges, elle a, comme on l'a dit, d'innombrables quartiers de noblesse ; aucune nuit du 4 août ne les a abolis, et nos meilleurs écrivains les défendent avec un soin jaloux contre les barbares du dedans.

Section III

« Tel est l'homme, tel est son Dieu » ; contestable pour les individus, l'axiome est beaucoup plus vrai pour les peuples, au moins lorsque leur religion est leur œuvre propre ; leur fût-elle même venue d'ailleurs, il est certain qu'ils la modifient à leur image. Transportez le christianisme en Grèce, vous le voyez qui s'hellénise en devenant une métaphysique transcendante : la pensée contemplative s'absorbe dans les mystères, tandis que lame peut rester froide et le cœur sans vie ; c'est, au sommet, l'intelligence pure, avec la dialectique et ses subtilités pour échelons. Transportez le christianisme à Rome, le voilà qui se romanise en devenant une organisation théocratique, un véritable « empire » des prêtres sous la souveraineté du chef des pontifes : soumission absolue à l'autorité, discipline, rituel, tout un code de formalisme rigide. En Allemagne, le christianisme tendra à s'intérioriser ; le dogme grec finira par perdre son caractère de spéculation rationnelle, la hiérarchie latine, sa centralisation administrative : l'individualisme religieux se concentrera en soi. En France, quoique nous ayons eu aussi de très grands mystiques, le christianisme a pris surtout la forme d'une religion sociale et d'une morale sociale. Le catholicisme était particulièrement propre à cette transformation : en effet, il ne laisse pas à l'individu son entière liberté ; il se défie des inspirations purement personnelles ; il se défie même de la conscience qui n'est que notre conscience, des révélations qui ne s'adressent qu'à un individu ; la règle commune doit, à ses yeux, l'emporter sur tout le reste, et ce qui lui paraît capital, c'est l'harmonie de chacun avec l'Eglise universelle. En adoptant le catholicisme, la France l'a rendu plus intérieur et plus moral qu'en Italie, mais en l'orientant toujours dans le sens de la vie sociale, de la justice et du droit, de la fraternité et de la charité. C'est surtout en France que s'était développée la chevalerie, qui répondait si bien au caractère même de la nation ; c'est de France que devait partir l'élan des croisades en faveur des chrétiens opprimés. Notre devise : *gesta Dei per Francos*, et le titre de « fille aînée de l'Eglise », montrent bien le caractère expansif, actif et comme centrifuge du sentiment religieux dans notre pays. Plus tard, d'ailleurs, les Français devaient mettre le même élan à combattre la religion qu'ils avaient mis à la défendre. Dans la critique des dogmes, ils ont pris pour guide « la raison » abstraite et formelle, la « logique du pur entendement » ; au lieu de considérer l'homme tout entier, ses sentiments, ses qualités morales, ses intuitions esthétiques ou religieuses, ils considèrent exclusivement son intelligence, dont ils veulent l'entière satisfaction. Le Germain, lui, est porté à croire que quelque précieuse vérité se cache dans ce qui fut sacré pour ses pères, « même, dit un Allemand, quand sa raison ne parvient pas à le reconnaître » ; pour le Français aucune tradition religieuse, comme telle, n'est sacrée. Demi-mesures, transitions, compromis ne sont point son fait : il va droit au but. Un Anglais a justement observé que, si le Français se détache de l'Eglise, c'est pour adopter une autre religion, également sociale : l'honneur [2]. Ici encore, c'est un code fort simple, imposé à l'individu par la société, ne laissant pas à la conscience personnelle une liberté absolue d'appréciation, la soumettant à des règles d'harmonie avec le beau moral tel que tous le conçoivent, avec l' « opinion » des « honnêtes gens ». Si fort est ce sentiment de l'honneur, et surtout de l'honneur collectif, qu'on a vu en France des hommes se sacrifier à une idée dont ils reconnaissaient ou presseraient les côtés faux, comme les nobles du temps de la Révolution. Les Français, a dit M. Hillebrand, se préoccupent toujours des autres et de la société entière : « divisés comme partis, ils demeurent étroitement unis comme peuple. »

La philosophie en France ne pouvait manquer, elle aussi, d'être principalement intellectualiste et rationaliste. Elle ne se plaît ni aux petits faits minutieusement alignés, ni à « ces raisons du cœur que la raison ne connaît pas ». Chez le Français, ami des conceptions nettes et logiques, mysticisme et réalisme s'excluent. En Angleterre, ils se partagent souvent l'esprit en se juxtaposant : l'un, a-t-on dit, se confine dans les sentiments, l'autre se réserve les spéculations philosophiques et l'action. En Allemagne, mysticisme et réalisme se fondent : c'est la réalité même qui devient mystique, c'est la puissance qui devient le droit ; le succès est le jugement de Dieu, la nature et l'histoire sont le développement de l'esprit absolu. Pour la métaphysique allemande, le réel est rationnel, pour la théologie allemande, le réel est divin. Ce sont là des états d'âme auxquels le Français demeuré étranger, qu'il arrive même difficilement à comprendre. Quand Descartes veut reconstruire la philosophie, en se flattant d'avoir tout renversé ; quand, seul en face de sa propre pensée, — c'est-à-dire, en réalité, de toute la pensée humaine fixée dans le langage, — il prétend ne pas savoir s'il y a eu des hommes avant lui ; quand il part ensuite à la conquête des idées « claires », qui pour lui, nous l'avons vu, sont par cela même vraies, — des idées « distinctes », des idées « simples », des idées « générales » ; quand il les relie par les chaînons d'une logique serrée, aimant mieux construire et imaginer qu'observer, « supposant partout de l'ordre » même là où l'ordre n'est pas visible, Descartes se montre bien Français. Ce qu'il avait fait dans la sphère de la philosophie, on le fera, à la fin du XVIIIe siècle, dans l'ordre social.

Le trait essentiel de notre esprit, en ce domaine, c'est la foi dans la toute-puissance de l'Etat et du gouvernement. Frondeurs à l'occasion, indisciplinés, insubordonnés, tenant plus à la liberté de parler qu'au droit d'agir et croyant avoir agi quand nous avons parlé, nous subissons d'ordinaire passivement une autorité forte et nous

Alfred Fouillée

sommes portés à croire qu'elle peut tout pour notre bonheur. L'Etat représentant la société entière, notre instinct social nous incline à penser que, si l'individu isolé est impuissant, l'union de tous les individus ne connaîtra plus d'obstacle à la réalisation du commun idéal. Mais nous avons le tort de personnifier trop vite la société dans un homme, ou dans l'ensemble d'hommes qui nous gouverne. Dès lors, notre foi très légitime dans la force sociale devient une foi très illégitime dans un mécanisme artificiel. Au lieu du sens politique, que de fois nous avons le fanatisme de la politique ! Nous croyons qu'il suffit de proclamer des principes pour en réaliser les conséquences, de changer d'un coup de baguette la constitution pour métamorphoser lois et mœurs, d'improviser des décrets pour hâter le cours du temps. « Article I : tous les Français seront vertueux ; article II : tous les Français seront heureux. » Nous nous flattons de faire des progrès en partant, non du point réel où l'histoire nous a amenés, mais d'un point imaginaire. Le sentiment de la tradition nous manque, de la solidarité entre les générations, de la réversibilité qui fait retomber sur les uns les folies des autres. Nous aussi, nous ne voulons pas « savoir s'il y a eu des hommes avant nous. » Notre raison raisonnante jusqu'à la déraison comprend mal les obscures et profondes nécessités de la nature et de la vie. Persuadés qu'une révolution peut toujours remplacer une évolution, la puissance du temps nous échappe ; nous ne songeons qu'à la force de la volonté humaine, et non pas même de la volonté tenace, mais de la volonté impulsive, impatiente, qui s'écrie : Tout ou rien ! En même temps, nous introduisons le sentiment dans la politique, — où d'ailleurs, étant une force très réelle, il a bien son rôle, de plus en plus grand à mesure que l'opinion publique gouverne davantage le monde. Un bel exemple de la manière dont on parle aux Français pour leur faire accepter une mesure législative, ce sont les considérants sentimentaux de maint projet de loi [3]. C'est en France que se vérifie avec éclat la théorie des « idées-forces » ; non seulement nous faisons la guerre « pour une idée », mais nous faisons des révolutions, nous faisons et défaisons des constitutions pour une idée. Vraie ou fausse, une formule contente notre esprit, et, en même temps, elle meut nos bras et nos jambes. Selon un proverbe qui a cours de l'autre côté des monts, « l'Italien dit souvent des sottises, il n'en fait jamais » ;

le Français, au contraire, ne sépare ni l'idée du mot, ni le mot de l'acte : dès qu'il a conçu une sottise, il n'a rien de plus pressé que de l'exécuter. Dans l'ordre social, notre génie niveleur est porté, encore plus aujourd'hui que jamais, à méconnaître les inégalités naturelles, non seulement la hiérarchie fondée sur la tradition, mais celle même qui est fondée sur le talent. C'est que nous concevons toujours la société d'une façon trop mathématique, comme une collection d'unités similaires, soumises toutes ensemble à quelque volonté supérieure ; nous n'y découvrons pas ce vivant organisme où chaque membre est solidaire du tout. De même, nous n'apercevons guère dans le droit qu'un rapport entre individus, sans nous soucier assez du rapport avec la collectivité, avec le développement régulier de la vie nationale ; nous nous en tenons, soit à un individualisme superficiel et de nature toute logique, soit à ce socialisme également superficiel et abstrait qui est aujourd'hui à la mode, au lieu de considérer l'individu dans le tout réel et actuel en dehors duquel il ne saurait vivre.

Chaque peuple n'a pas seulement sa morale nationale, qui est sa manière propre de concevoir et de réaliser un idéal en rapport avec son caractère ; il a aussi sa morale internationale, qui est sa façon de se conduire envers les autres peuples. Ces deux espèces de morale ne sont pas toujours d'accord : le peuple anglais, par exemple, a une morale internationale dominée par l'égoïsme, ce qui ne veut nullement dire que, dans ses relations avec ses compatriotes, l'Anglais prenne l'égoïsme pour règle. Sous le rapport international, le peuple français fait contraste avec l'anglais : ce sont, pour ainsi dire, les forces centrifuges qui le dominent. Il agit par passion, par entraînement, par sympathie ou antipathie, par besoin d'aventures et d'expansion, souvent en vue d'une idée générale et, en ses beaux moments, d'un idéal humanitaire. Le Français ne comprend guère la « politique des résultats », la « politique objective » ; il fait prévaloir dans les affaires d'État tantôt des conceptions rationnelles, tantôt des notions « subjectives », celles de reconnaissance, de sympathie, de fraternité entre les peuples, d'alliances à perpétuité, comme nous en rêvions avec l'Italie. Chamfort ne nous a point encore appris que, sur le damier européen, « on ne joue pas aux échecs avec un bon cœur. » En outre, cette façon ou trop sentimentale ou trop idéaliste de traiter les affaires internationales aboutit, dans bien des cas, à des ingérences maladroites et abusives, qui, au lieu de nous faire aimer pour nos bonnes intentions, nous font haïr pour nos entreprises brouillonnes et pour l'indiscrétion de nos empiétements. Les autres peuples nous ont toujours reproché de ne pas les laisser tranquilles, de vouloir les agiter de notre agitation, les entraîner à la poursuite de nos beaux rêves.

Section IV

Les mérites et les lacunes de l'esprit français apparaissent dans notre littérature et dans nos arts, depuis les origines jusqu'à la période contemporaine. C'est à ces manifestations supérieures du génie national qu'il faut demander les preuves de notre vigueur ou de notre faiblesse intellectuelle. D'après les Anglais et les Allemands, le Français est un être trop impersonnel, trop livré à la vie sociale pour sentir et créer des œuvres vraiment poétiques, et surtout lyriques ; son excès même de civilisation est incompatible avec la haute poésie. Il est certain que la vie sociale et, plus particulièrement, la vie de cour, retarda pendant de longs siècles la floraison du lyrisme en France. Mais n'avons-nous pas eu à notre tour nos grands lyriques, quoique, sous les apparences du romantisme, ils aient gardé le sens classique de la forme ? La vie sociale, d'ailleurs, a aussi sa poésie : ce n'est pas seulement l'individu penché sur lui-même, enfermé en sa solitude, qui intéresse le poète ; plus la société se développe, avec ses grandeurs et ses misères tragiques, plus la poésie doit devenir sociale et vraiment humaine.

Notre littérature, en général, n'est ni naturaliste ni mystique ; même quand elle prend l'une ou l'autre de ces directions, elle reste intellectuelle et sociale : ce sont là ses deux caractères constants. Le second a été mis en lumière par les études magistrales de M. Brunetière ; nous insisterons donc de préférence sur le premier. Par son intellectualisme, notre littérature est portée à considérer les êtres et les personnes sous l'aspect qui les rend le plus saisissables à l'intelligence ; or, on peut dire que c'est avant tout l'aspect conscient, celui où l'être existe pour soi et, devenu transparent à lui-même, le devient aussi aux autres. Ce que nos écrivains mettent en relief, ce sont toutes les passions et idées qui arrivent à la connaissance de soi, ce que les psychologues appellent les « motifs » et les « mobiles ». Mais où sont les profondeurs du naturel inconscient, dont ces motifs et mobiles ne sont que les manifestations ? La vie inconsciente, qui est proprement la nature, et qui se dérobe plus ou moins à la pensée, n'obtient dans les œuvres de nos littérateurs qu'une part restreinte et effacée. Les personnages de notre théâtre se voient sentir et agir : il leur arrive même de raisonner doctement sur leurs passions et leurs actions ; eux aussi disent à leur manière : Je pense, donc j'existe, et je n'existe que là où je me pense. L'inconscient étant l'involontaire, on peut en inférer encore que, dans l'histoire des âmes, le rôle de tout ce qui échappe à la volonté devait être très réduit par nos romanciers et par nos poètes. Ils mettent au premier plan la liberté en lutte contre quelque passion bien connue d'elle. Les deux adversaires aux prises, en pleine lumière, se livrent à des passes d'armes, visière levée, comme des chevaliers dans un tournoi. Les forces obscures et sourdes, dont la poussée est celle même de la nature sur l'homme, semblent avoir disparu : tout est devenu humain. Le milieu physique, du même coup, s'efface au profit du milieu social. Le sens de la nature a été long à se développer dans la littérature française, tant la vie intellectuelle et sociale, rapportant tout à l'homme, absorbait tout. Stendhal a beau dire qu'une chaîne de montagnes neigeuses à l'horizon de Paris eût changé toute notre littérature, la chose est douteuse : si la société avait été la même en face de ces montagnes, il n'y eût eu peut-être de changé dans notre poésie que quelques descriptions, comparaisons et métaphores.

Un autre trait des personnages dans notre littérature, c'est qu'ils ont un caractère fixe et achevé, par cela même une forme nette et définissable. Mais l'évolution même du caractère, son « devenir » à travers des métamorphoses successives, voilà ce qu'on ne peint guère en France. Pour emprunter des termes à la science du mouvement, on peut dire que les caractères, dans notre littérature, sont présentés à l'état statique, non dynamique. De là leur accord avec eux-mêmes, leur consistance logique, leur constance qui ne se dément presque jamais. Aux trois fameuses unités d'action, de temps et de lieu, nous en avons encore ajouté une autre : celle du caractère ! Qu'y a-t-il pourtant, a-t-on objecté, de plus « ondoyant

Alfred Fouillée

et divers », de moins systématique, d'aussi vague en ses contours, d'aussi discordant même qu'un caractère réel ? N'est-ce pas le domaine de l'obscur et de l'imprévu ? On peut répondre que les caractères en apparence les plus illogiques suivent encore une logique intérieure ; mais il reste vrai que nos poètes et romanciers se contentent trop de quelques éléments du problème, au lieu d'en embrasser la complexité. De même que, dans le poème de Dante, chaque homme possède une certaine qualité fixe, bonne ou mauvaise, par laquelle sa place est elle-même marquée au ciel ou dans l'enfer, ainsi, dans notre littérature, chaque âme est définie et classée par sa vertu ou son vice.

C'est un trait essentiel encore — et essentiellement français — de notre théâtre, que non seulement toute passion et tout vouloir s'y traduit en idée, mais toute idée s'y traduit en acte. Ici, comme ailleurs, nous ne séparons guère la conception de l'exécution. Hamlet est un type inconnu sur notre scène ; aucun de nos héros ne rêve : ils sentent, ils veulent, ils parlent, ils agissent ; une chaîne de résolutions et d'actes, changeante et pourtant logique, se déroule sous nos yeux, jusqu'à ce que, de crise en crise, se déduise la catastrophe finale.

Le genre littéraire qui, par destination, reproduit le mieux l'évolution même de la vie, c'est le drame : aussi n'avons-nous pas eu de Shakspeare, ni de Gœthe, ni de Schiller. En revanche, Corneille, Racine et Molière ont créé trois formes éternellement vraies de cette autre sorte d'art qui exprime, sinon la vie en formation, du moins la vie en action. Tandis que poètes germaniques ou britanniques représentent de préférence le continuel et contraire effort des tendances naturelles dans un caractère toujours mouvant et en fluctuation, la tragédie française nous peint des âmes faites, nous les montre engagées dans quelque action terrible où leurs passions éclateront comme des conséquences logiques du caractère donné. Si, chez Corneille et surtout Racine, Voltaire a raison d'admirer les « combats du cœur », c'est toujours un cœur déjà formé, et que juge une raison clairvoyante.

Bien mieux encore que la tragédie, la comédie offrait à l'esprit français cet avantage de mettre sur la scène des hommes déjà développés, avec leurs vices et leurs ridicules en pleine saillie ; elle exclut par essence le long développement d'une âme en germination. En outre, elle est une peinture de la société, où viennent se heurter mutuellement les défauts des hommes. Toutes ces raisons expliquent la supériorité de la comédie en France, qui nous a valu d'être appelés par Heine les comédiens ordinaires du bon Dieu.

Avec notre préférence pour tout ce qui est « achevé » s'accorde notre sens exquis de la forme. En littérature et en art, le Français n'admet pas les bonnes intentions, quand même on lui voudrait persuader qu'elles sont des intuitions profondes et même surnaturelles ; il exige le fini de l'exécution et du style. Aussi rien n'est-il comparable à la prose française : elle a réalisé la perfection dans tous les genres, qu'il s'agisse de démontrer et de convaincre, d'émouvoir et d'entraîner, de raconter et de peindre. Quelle que soit notre admiration pour la prose grecque ou latine, nous ne saurions l'égaler aux œuvres de notre triomphante lignée littéraire, depuis Rabelais, Montaigne, Pascal, Bossuet, Voltaire, Montesquieu, Rousseau, jusqu'à Chateaubriand, Mérimée, Michelet, Flaubert, Renan et Taine, — pour ne pas citer ceux qui vivent encore et qui, en définitive, n'ont pas dégénéré !

Section V

A l'élément de race « méditerranéenne », que renferma toujours notre population, nous devons le goût des arts plastiques, non moins vivant aujourd'hui que jamais. En pleine Ile-de-France est née l'architecture si mal appelée gothique. Taine n'a pas vu les traits nationaux qui y éclatent. Renan lui-même l'a critiquée, opposant à la simplicité solide de l'architecture grecque le caractère fantastique et « chimérique » des constructions ogivales. Aujourd'hui, les principes rationnels de ces constructions sont connus ; leur logique intérieure, sous leur apparence illogique, est démontrée ; leur miracle de mécanique est ramené à ses lois naturelles : du même coup, sont mises en lumière l'originalité et la supériorité du génie français. Tandis que l'architecture des Grecs était fondée sur le point d'appui vertical, qui attache l'édifice au sol comme un vrai produit de la terre ; tandis que l'architecture des Romains, faisant porter l'arc directement sur la colonne et la voûte sur les murs extérieurs, empruntait encore sa solidité et sa pérennité aux points d'appui terrestres, l'architecture de la France chrétienne cherche son centre dans les airs et reporte son effort sur la voûte même, toujours plus haut. Comment donc réaliser ce prodige de faire tenir en l'air la voûte immense et monter les clochers jusque dans les nues ? En demandant l'équilibre, non plus à la masse soutenue perpendiculairement par le sol, mais à une combinaison aérienne de forces obliques qui annule chaque poussée d'arc par une autre, diminue ainsi la sujétion à la terre et, résolvant toutes les pressions en un mutuel équilibre, dresse enfin vers le ciel la voûte allégée et triomphante. Ainsi, par un renversement des procédés antiques, au lieu de ne faire la voûte que pour couvrir l'édifice, l'édifice est fait pour soutenir la voûte et ouvrir en tous sens des perspectives lointaines, sous le mystère des demi-jours. L'ossature intérieure, grâce à ses colonnes et à ses arcs croisés, qui semblent des bras joints pour la prière, pourrait presque se passer de supports extérieurs : elle se tient debout moins par sa masse que par l'annulation même de sa masse, *non mole sua stat* [4].

C'est donc bien un principe nouveau et original d'architecture qui devait couvrir de merveilles, d'abord la France, puis, par contagion, tous les pays voisins [5]. Tant qu'il était resté purement chrétien, l'art avait gardé une immobilité hiératique, sans s'associer au mouvement de l'existence extérieure, sans entrer en contact avec « l'imagination des foules », sans refléter la diffusion sympathique des croyances au sein de la vie sociale. Echappé des monastères, l'art des Français devient laïque ; et c'est alors qu'il crée, après le style roman, le style ogival, non plus seulement dans ses églises, mais dans ses hôtels de ville et ses beffrois. L'esprit national s'y manifeste par la logique et la géométrie, par le sens persistant de la forme au sein même du grandiose, par la savante ordonnance de toutes les parties, par la valeur pratique que chacune prend dans l'ensemble, par l'utilité intime qui se cache sous tant d'ornements en apparence inutiles, par l'adresse enfin à convertir les nécessités de mécanique en beautés d'art. L'esprit français est éminemment « architectonique » ; moins sobre que le grec, moins solide et, pour ainsi dire, moins massif que le romain, il a l'élan réglé par l'intelligence, la hardiesse aventureuse et heureuse. La cathédrale française n'est pas un symbole de pure extase mystique, mais aussi d'humanité : elle enveloppe en ses profondeurs une âme de peuple. C'est l'œuvre de la foi enthousiaste, telle qu'elle devait s'épanouir dans un pays où l'ardeur pour les idées était innée et où l'élan chevaleresque avait abouti aux croisades : après avoir essayé de conquérir la terre, il semble que la foi voulût monter à l'assaut du ciel. Intermédiaire entre le génie gréco-latin et le germanique, le génie français était plus propre à concevoir et à réaliser ainsi par l'architecture le sublime visible, qui offre encore une forme, sans doute, mais qui invite l'âme à dépasser toute forme, comme font la forêt et la montagne, comme font la mer et le ciel étoilé. Aussi, sans rien sacrifier de l'harmonie visible, la France a su, mieux que tout autre peuple, atteindre la grande poésie de la pierre. La cathédrale française est à tout le reste de l'architecture ce que la symphonie allemande est au reste de la musique.

Quant à notre sculpture, celle de la période ogivale est bien supérieure pour l'expression à la statuaire grecque. Les vierges dont elle peuple les cathédrales, à Chartres par exemple et à Strasbourg, ont des formes élancées qui symbolisent l'affranchissement de la terre et l'aspiration vers l'infini. L'amour divin et la souffrance humaine sont empreints sur les têtes des Christ ; la pitié s'exprime dans ces Résurrections où les anges aident les morts à soulever les pierres du sépulcre ; l'ironie, dans ces masques grimaçants de démons qui représentent les vices. De nos jours, pour la beauté des formes, la sculpture française est restée supérieure à celle des autres nations modernes. Est-il besoin de rappeler la richesse de notre peinture, et peut-on dire qu'elle soit en décadence parce que, chez les uns, elle tend à la reproduction plus fidèle de la réalité, chez les autres, à l'expression plus libre de l'idéal ? Dans la musique aussi, c'est chose aujourd'hui démontrée, les Français furent parmi les vrais initiateurs. Certes, ils n'ont pas le génie intimement lyrique et personnel des Germains ; tout ce que la musique peut exprimer avec ses seules ressources, l'Allemagne l'a supérieurement rendu, elle a créé la symphonie. C'est que la musique pure est le moins intellectuel des arts. Tandis que, sous sa forme inférieure, elle se borne à flatter les sens, sous sa forme supérieure elle n'exprime rien moins que les profondeurs les plus reculées de la volonté et du sentiment, mais ce n'est guère sa propre essence de rendre les pensées. Si elle symbolise le monde, c'est « comme volonté »,

Alfred Fouillée

non « comme représentation ». Schopenhauer et Wagner l'ont compris. Malgré cela, la musique a aussi son côté intellectuel, par cela même expressif, surtout dans l'opéra, où elle se trouve unie avec des paroles, conséquemment avec des idées et des sentiments déterminés. C'est pourquoi on pouvait s'attendre à ce que, de ce côté, la France manifesterait encore son génie propre. A elle en effet, ou à son influence, sont dues la vraie tragédie lyrique et la vraie comédie lyrique. Comme notre poésie, notre musique n'est ni métaphysique, ni sensuelle ; elle est surtout humaine. Le caractère par où elle s'oppose à la grande polyphonie allemande, c'est qu'elle n'est jamais de la musique pure, existant pour soi et par soi : elle est essentiellement dramatique.

Dans la période contemporaine, bien loin d'entrer en décadence, nous avons suivi la voie ouverte par Gluck, Mozart et Beethoven ; bien plus, avec Berlioz, Félicien David, Gounod, nous avons ouvert des voies nouvelles. Berlioz n'a pas été sans influence sur Wagner lui-même. En somme, nous avons intellectualisé et le sensualisme de la mélodie italienne et le mysticisme de l'harmonie allemande. Là encore, le génie français reste attaché à la clarté de la forme, à l'expression dramatique du fond : il a toujours voulu une musique parlante et agissante, expansion de l'âme au dehors et vers autrui.

Section VI

Le jugement des nations voisines et surtout rivales est un contrôle nécessaire de celui que nous pouvons porter sur nous-mêmes. De plus, il a l'avantage de nous renseigner sur les changements en mieux ou en pire qui se sont produits dans notre caractère. Il faut faire, bien entendu, la part (souvent très grande) des passions, jalousies, rancunes internationales. « Les Français, dit Machiavel dans sa vie de Castracani (ouvrage mis aujourd'hui entre les mains de la jeunesse italienne), les Français sont naturellement plus intrépides que robustes et adroits : si l'on peut résister à l'impétuosité de leur premier choc, ils faiblissent bientôt et perdent courage au point de devenir aussi lâches que des femmes » ; ce qui est beaucoup dire ! « D'un autre côté, ils supportent difficilement la disette et les fatigues, finissent bientôt par se décourager ; rien n'est plus aisé alors que de les surprendre et de les battre. » Et Machiavel donne en exemple l'affaire du Garigliano. « Il faut donc, pour vaincre les Français, se garantir de leur première impétuosité, et on est sûr de l'emporter si l'on peut parvenir vis-à-vis d'eux à traîner en longueur. » Machiavel reproche au soldat français d'alors d'être pillard et de dépenser « l'argent d'autrui avec la même prodigalité que le sien. » — « Il volera pour manger, pour gaspiller, pour se divertir même avec celui qu'il a volé. » Ce dernier trait, finement observé, ne montre-t-il pas le besoin de sympathie et de société qui caractérise le Français ? Faute de mieux, ce dernier fraternise avec celui qu'il pourfendait tout à l'heure. « C'est le contraire de l'Espagnol qui enfouit pour toujours ce qu'il vous a dérobé. » Un autre trait représente le caractère sanguin-nerveux des Français : « Ils sont tellement occupés du bien ou du mal présent qu'ils oublient également les outrages et les bienfaits qu'ils ont reçus, et que le bien ou le mal à venir n'est rien pour eux. » Que nous soyons tellement prompts à oublier les bienfaits, on peut le contester (et d'ailleurs les bienfaits par nous reçus des autres nations sont aisés à compter) ; mais comment nier notre promptitude à oublier les outrages, quand une question de droit ou d'humanité ne les rend pas toujours présents à notre intelligence ? Nous ne sommes point de ceux qui remontent jusqu'à Conradin, ni jusqu'à Brennus, pour faire la théorie de leurs haines. Si les Allemands nous avaient battus sans mutiler notre patrie au mépris du droit des peuples, la guerre franco-allemande serait déjà oubliée, comme sont oubliées aujourd'hui la guerre de Crimée contre la Russie, les guerres contre les Anglais mêmes. On reconnaîtra d'ailleurs une nuance de la physionomie à la fois gauloise et française dans cette remarque de Machiavel : « Ils racontent leurs défaites comme si c'étaient des victoires ! » Voilà bien l'imagination française qui s'exalte, qui a besoin de se répandre et d'attirer l'attention. Machiavel ajoute, pour caractériser notre optimisme d'humeur : « Ils ont une idée exagérée de leur propre bonheur et font peu de cas de celui des autres peuples. » Enfin il nous reproche d'être légers et changeants. « Ils gardent leur parole comme la garde un vainqueur. Les premiers engagements qu'on prend avec eux sont toujours les plus sûrs. » L'accusation, outre qu'elle est peu méritée, surprend de la part d'un Italien, et de Machiavel. Les étrangers sont unanimes à constater notre facilité traditionnelle à nous payer de beaux discours au lieu de faits et de raisons. Tandis que l'Italien se joue des mots, disait l'abbé Galiani, le Français en est dupe. Un psychologue allemand a dit de nous que la rhétorique, simple *ornement* pour l'Italien, est pour le Français un *argument*.

Un de nos critiques les plus acerbes fut Gioberti. Dans son livre fameux sur le *Primato"* de l'Italie, il reproche aux Français légèreté, frivolité, vanité et jactance. A l'en croire, nos livres, « écrits légèrement et sans profondeur, sont toujours à la recherche de l'esprit. » On sortait alors à peine du XVIIIe siècle. Mais était-ce une raison pour oublier les Descartes, les Pascal ou les Bossuet ? « La plus grande qualité de l'homme, ajoute Gioberti, est la volonté ; or elle est faible et mobile chez le Français. » Le génie de Napoléon, « tout à fait italien », trouva dans la France l'instrument le plus docile et le plus convenable pour ses gigantesques desseins : les Français, « qui vont par sauts et par bonds, et qui sont des gens de premier mouvement », apprécient d'autant plus chez les autres « cette ténacité dont ils sont dépourvus » et qui est nécessaire pour les bien gouverner. « On sait que ce sont les caractères vifs et inertes qui sont le plus aisément dominés et asservis par les natures fortes et tenaces. » Quelques années après, ajoute Gioberti, le succès enivra Napoléon, et tandis qu'à ses débuts Bonaparte avait dirigé sa conduite « selon la méthode italienne, c'est-à-dire en joignant une grande prudence à une grande audace », plus tard, aveuglé par ses succès, il voulut gouverner avec la furia française, « par des mouvements brusques, emportés, cassants, désordonnés » ; et il mit alors moins de mois pour perdre sa couronne qu'il n'avait mis d'années pour l'acquérir. Gioberti prétend les Français « totalement dépourvus » des deux qualités nécessaires pour « exercer la maîtrise du monde », et que, bien entendu, l'Italie possède : « la puissance créatrice jointe à la profondeur de la réflexion dans l'ordre intellectuel ; le jugement, la ténacité, la patience, la volonté, dans l'ordre de l'action. » Tandis que les Italiens sont, pour ainsi dire, « d'étoffe aristocratique », le Français est d'étoffe plébéienne, car il ressemble au peuple « par la complexion mobile et légère de son esprit, sa versatilité et son inconstance. » De même, « la vanité, fille de la légèreté, est un défaut propre aux êtres inférieurs, enfants, femmes, peuple. Les Romains ne se répandaient pas en hâbleries :

ils agissaient ; tandis que les Français, les premiers menteurs du globe, étalent une ridicule forfanterie : ils appellent leurs révolutions « les révolutions du *monde*. » A l'amour de la patrie, Gioberti nous reproche de substituer « l'amour des antipodes » et de faire profession d'adorer le genre humain. Ce réquisitoire haineux conclut que la France jouit en Europe, et surtout en Italie, « d'une réputation mensongère, due en partie à la langue française, idiome pauvre, chétif, dépourvu d'harmonie et de relief ; en partie à l'habileté avec laquelle les Français surent mettre à profit les pensées et découvertes d'autrui en les marquant du sceau de leur légèreté et de leur frivolité. »

Leopardi, qui nous détestait autant que Gioberti, parle du « très superficiel et très charlatan pays de France », qu'il appelle aussi, dans un vers fameux : *la Francia scelerata e nera*. Les opinions plus modérées de Cavour sont bien connues. Pour lui, l'esprit français se définit : « la logique mise au service de la passion. » Et le trait dominant de la logique française, ajoute avec ironie le diplomate italien, c'est de s'entêter surtout quand les circonstances ont changé !

Selon Joseph de Maistre, si la qualité dominante du caractère français est son prosélytisme pour les idées, son défaut capital est l'impatience, qui l'empêche de s'appesantir sur les pensées particulières, « de les examiner scrupuleusement une à une pour en former ensuite des théories générales. La marche des Français, dit-il, est diamétralement, contraire à la manière de philosopher qui est la seule bonne : l'induction. « Ils commencent par établir ce qu'ils appellent des vérités générales, fondées sur des aperçus vagues, sur ces demi-lueurs qui se présentent si souvent à la méditation, et ils en tirent ensuite des conclusions à perte de vue. De là ces expressions si communes dans leur langue : grande pensée, grande idée, voir en grand, penser en grand. Ce caractère des Français les porte toujours à commencer par « les résultats » ; ils se sont accoutumés à regarder ce défaut comme une marque de génie ; « en sorte qu'il n'est pas rare de leur entendre dire, en parlant d'un système quelconque : C'est une erreur peut-être, mais ce n'en est pas moins une *grande idée*, et qui suppose *beaucoup de génie* dans l'auteur [6]. » Rappelant que Newton roula vingt ans dans sa tête la gravitation universelle, notre satiriste ajoute : « Ce phénomène de patience et de sagesse ne se montrera jamais en France. » Il n'a pas connu les Le Verrier, les Claude Bernard, les Pasteur.

L'opinion de Bonaparte est de grande importance, car c'est en somme celle d'un Italien qui, après avoir détesté la France, finit par s'identifier à son génie [7]. « Vous, Français, disait Bonaparte à ses contemporains, vous ne savez rien vouloir sérieusement, si ce n'est peut-être l'égalité. Et encore on y renoncerait volontiers si chacun pouvait se flatter d'être le premier. Il faut donner à tous l'espérance de s'élever. Il faut tenir toujours vos vanités en haleine. La sévérité du gouvernement républicain vous eût ennuyés à mort... La liberté n'est qu'un prétexte. La liberté est le besoin d'une classe peu nombreuse et privilégiée par nature de facultés plus élevées que le commun des hommes ; elle peut donc être *contrainte* impunément ; l'égalité, au contraire, plaît à la multitude [8]. » Ces réflexions profondes, aboutissant à des applications quelque peu machiavéliques, nous révèlent un des principaux procédés de la politique napoléonienne.

Nous trouvons autrement de justice à notre égard chez les philosophes allemands, sauf Schopenhauer, dont on connaît la boutade : « Les autres parties du monde ont les singes, l'Europe a les Français. » Mais Schopenhauer a dit bien pire encore de ses compatriotes ! Le vrai rénovateur de la philosophie allemande, l'admirateur de Rousseau et de la Révolution française, Kant n'est pas resté, lui, à la surface des choses ; il est allé au fond et a dépeint les Français comme « essentiellement communicatifs, non par intérêt, mais par un besoin de goût immédiat », polis par nature et par éducation, surtout envers l'étranger, en un mot pleins d'un « esprit de sociabilité ». De là résulte « la complaisance dans les services rendus », une « bienveillance secourable », une « philanthropie universelle » ; ce qui rend un pareil peuple « généralement digne d'amour. » Le Français, de son côté, « aime généralement les autres nations » ; par exemple, « il estime la nation anglaise, tandis que l'Anglais, du moins celui qui n'est pas sorti de son pays, hait généralement le Français et le méprise. » Déjà Rousseau avait dit : « La France, cette nation douce et bienveillante que tous haïssent et qui n'en hait aucune. » Le revers de la médaille, selon le philosophe allemand, c'est une « vivacité que des principes réfléchis ne règlent pas suffisamment, et, malgré une raison clairvoyante, un sens léger (*Leichtsinn*) », fréquent en effet au XVIIIe siècle ; c'est aussi « l'amour du changement qui fait que certaines choses, uniquement parce qu'elles auront vieilli, ou encore parce qu'elles auront été vantées outre mesure, ne peuvent plus subsister longtemps » ; c'est enfin un « esprit de liberté qui entraîne dans son jeu jusqu'à la raison même » et qui, dans les rapports du peuple avec l'Etat, produit un « enthousiasme capable de tout ébranler, dépassant toute extrémité [9]. »

Selon Kant, un des principaux objets auxquels « se rapportent les mérites et les qualités nationales des Français, c'est la femme. » En France, dit-il, la femme pourrait avoir « une influence plus puissante que partout ailleurs sur la conduite des hommes, en les poussant aux nobles actions, si l'on songeait à encourager un peu cet esprit national. » Puis, regrettant que la femme française d'alors ne sût pas continuer la tradition de Jeanne d'Arc et de Jeanne Hachette, il ajoute ce mot charmant : « Il est fâcheux que les lis ne filent pas. » Kant n'en a pas moins confiance dans l'avenir de l'influence féminine et dans les effets bienfaisants qu'elle pourrait avoir sur notre moralité nationale, et il conclut en disant : « Je ne voudrais pas, pour tout l'or du monde, avoir dit ce que Rousseau a osé soutenir : qu'une femme n'est jamais autre chose qu'un grand enfant. »

Notre caractère national, dont on ne saurait méconnaître certains traits dans les divers témoignages qui précèdent, s'est-il altéré dans la seconde moitié et surtout dans le dernier quart de ce siècle ? C'est ce que soutiennent ceux qui nous accusent de dégénérescence psychologique. Voici, d'une part, un Italien sociologue, d'autre part, un Allemand psychiatre qui nous gratifient simultanément de dégénérescence mentale. Ont-ils employé pour le constater, comme ils s'en flattent, une méthode vraiment scientifique ? Nous reparlerons tout à l'heure de M. Max Nordau ; examinons d'abord les accusations du sociologue italien. Dans une étude de « pathologie sociale », qui fait partie du premier volume de son *Corso di sociologia*, et que publia l'excellente *Rivista di filosofia scientifica* en avril 1889, M. A. de Bella prétendait établir le diagnostic de notre déchéance. Selon ce médecin tant pis, « l'élément pathologique qui s'est infiltré dans la stratification du caractère français, c'est un *amour-propre* exagéré, qui coïncide avec la vanité, d'autres fois

Alfred Fouillée

avec l'orgueil, toujours avec l'intolérance, la cruauté et le césarisme ».
Tous ces défauts, ajoute-t-il, sont en outre accompagnés d'une
contradiction fondamentale : « en théorie, principes éminents et
qui, plus d'une fois, ont devancé les temps ; en pratique, manque
ou défaillance de tous les principes non seulement de dignité,
mais parfois même d'équité. » L'auteur dressait ensuite notre bilan
médical : « 1° *Vanité et orgueil*. La première république, sous le
consulat de Napoléon Ier, institue l'ordre de la Légion d'honneur. »
Notez ce fait : c'est la République française, non Bonaparte,
« Italien d'origine », qui a inventé cet ordre de vanité. « La première
République, au lieu de créer autour d'elle des républiques sœurs et
égales, crée des républiquettes pour en disposer à son gré... par
exemple, la Cisalpine, la figure, la Parthénopéenne... Le second
empire dirige avec le même *orgueil* les destinées de l'Europe : il
traite l'Italie comme une préfecture française. » Voilà, paraît-il, tout
ce que, pendant le second empire, la France a fait pour les Italiens.
« Puis, détruisant la république du Mexique, Napoléon y établit un
empire avec Maximilien d'Autriche. »... « Tous les poètes français,
sans exclure Victor Hugo, appellent Paris le cerveau du monde... »
Dans « *tous* les romans français » se trouve « un concitoyen de
Rochefort qui extermine d'un seul coup de sabre douze Allemands
ou Italiens en une fois et qui rompt d'un seul coup de poing le
crâne à dix Anglais !... » 2° « *Intolérance et cruauté*. Sous Louis
XVI, la populace de Paris immole Foulon et Berthier, etc. »
Suit le tableau classique de la Terreur. Dans l'histoire de l'Italie,
intolérance et cruauté sont, paraît-il, inconnues. « Aujourd'hui, la
France n'est nullement changée. Dans les meetings français, pas
une note de paix... Quand une réunion publique, à Paris, ne finit
qu'avec des blessés, c'est toujours une bonne fortune. » Le docte
sociologue, si bien informé, citait aussi « la volupté avec laquelle Je
peuple français assiste aux exécutions capitales. » Puis vient l'autre
grand symptôme de notre maladie nationale : « *Contradiction
entre la théorie et la pratique*. La première république française a
tué la république vénitienne ; la seconde a étouffé dans le sang la
république romaine. Aujourd'hui tous les Français, sans exception,
réclament l'Alsace-Lorraine ; mais on ne trouvera pas dans
toute la France un seul homme *qui accepte que Nice et la Corse
réappartiennent à l'Italie* ! La troisième république, anticléricale

et athée, prend en Orient la protection des chrétiens. » Tels sont les principaux signes de la maladie qui nous menace de trépas. Et cependant l'auteur du cours de sociologie nous est en somme sympathique : « La France, conclut-il, est une grande nation ; dans les sciences et les arts, elle chemine de pair avec les premières nations de l'Europe... La France est, avant tout, un peuple de fortes initiatives ; et c'est pourquoi sa décadence constituerait pour l'Europe une perte irréparable. » Si, pendant la période crispinienne, les philosophes et les sociologues d'outre-monts connaissaient ainsi et ainsi jugeaient notre caractère, *sine ira et studio*, nous pouvons nous faire une idée du prodigieux malentendu qui a régné, dans les masses, entre les deux nations voisines et qui, espérons-le, va prendre fin. En croyant dépeindre la France, c'est l'état de l'esprit italien dans ces dernières années que, sans s'en douter, a dépeint M. de Bella ; on pourrait se demander si cet état même n'était pas, lui aussi, « pathologique » ; mais non, il était simplement politique. En assimilant la Corse à l'Alsace-Lorraine, l'auteur nous éclaire sur l'arrière-pensée de ses gouvernants bien plus que sur la nôtre. Quant au soin de protéger les chrétiens d'Orient, on devine assez que l'Italie nous l'eût alors enlevé volontiers, à son profit, sans se soucier le moins du monde de savoir si elle ne « contredirait » pas en cela sa politique antipapale. En tous cas, s'il n'y avait pas chez nous d'autres symptômes de dégénérescence psychique, les gens que l'on tue se porteraient assez bien.

C'est notre littérature contemporaine, ce sont nos poètes et nos romanciers qui nous ont valu les plus graves accusations de dégénérescence. Nous convenons volontiers que les décadents, dont la vogue est déjà passée, nous ramèneraient, comme M. Letourneau [10] l'a démontré, à la littérature des sauvages les plus primitifs, à la poésie « interjectionnelle » où le son est tout, où le sens n'est rien, à ces séries de vagues visions qu'on peut aussi bien parcourir de la fin au commencement ou du commencement à la fin, à ces allitérations, à ces assonances, à ces jeux de mots qui remplissent les chants des Papous, des Hottentots ou des Cafres. C'est de la littérature retombée en enfance. Mais qui s'intéresse à ces essais, dont la plupart d'ailleurs n'ont rien de sincère, folies voulues, délires à froid ? On ne saurait juger un pays sur l'amusement de quelques blasés, pas plus que sur l'accoutrement du jour.

Alfred Fouillée

Le réquisitoire bien connu de M. Max Nordau à propos de notre littérature contemporaine n'était guère plus probant que celui de M. A. de Bella à propos de notre caractère national. Selon M. Nordau, nos principales maladies — que d'ailleurs il retrouve dans toute l'Europe — sont révélées par nos poètes et par nos romanciers : l'égotisme, le mysticisme et le faux réalisme de l'obscénité. M. Nordau définit le mysticisme : « l'inaptitude à l'attention, au penser clair et au contrôle des sensations, inaptitude produite par l'affaiblissement des centres cérébraux supérieurs. » Sous cette phraséologie empruntée aux sciences, y a-t-il rien de moins scientifique ? De même, « l'égotisme est un effet de nerfs sensoriels mauvais conducteurs, de centres de perception obtus, d'aberration des instincts par défaut d'impressions suffisamment fortes, et de grande prédominance des sensations organiques sur les représentations. » Voilà pourquoi votre fille est muette. Quelle lumière peut-on trouver dans ce « tableau nosologique » digne de Molière ? L'égotisme de nos poètes et littérateurs est-il plus grand qu'au temps de René et de Werther ? En tous cas, il est une naturelle conséquence de l'incertitude qui frappe aujourd'hui toutes les doctrines objectives et impersonnelles. Le manque d'une foi commune fait que la pensée de chacun se replie sur soi : la « pathologie » n'y est pour rien. Quant au réalisme obscène — qu'on ne saurait trop flétrir et que tolère la coupable indifférence de notre police, — reportez-vous au moyen âge et même aux siècles derniers ; rappelez-vous l'ancienne littérature des bourgeois et des vilains, la dureté, l'immoralité radicale de la « veine gauloise ». L'élite même d'autrefois, à côté de ses vertus, n'avait-elle pas d'innombrables vices ? La littérature des classes les plus cultivées fut-elle moins immorale que celle d'aujourd'hui, notamment au XVIIIe' siècle ? Enfin, sous la rubrique de mysticisme, M. Nordau range parmi nos maladies toute aspiration à un monde idéal, toute préoccupation de ce qui dépasse le cercle borné de la science positive. A ceux qui disent que la science, sous le rapport moral et religieux, s'est montrée insuffisante, il répond en énumérant toutes les découvertes relatives à la constitution de la matière, à la chaleur, à l'unité mécanique des forces, à l'analyse spectrale, à la géologie, à la paléontologie, à la « chromophotographie », à la « photographie instantanée », etc., etc., et il s'écrie : « Vous n'êtes pas contents ! » — Eh bien ! non, parce que notre ambition est plus haute. L'analyse spectrale peut bien nous renseigner sur les métaux que renferment les étoiles ; elle ne nous renseigne en rien sur la valeur et le but de l'existence. « Celui qui exige de la science, dit M. Nordau, quelle réponde imperturbablement et audacieusement à toutes les questions des esprits désœuvrés et inquiets, celui-là sera nécessairement déçu par elle, car elle ne veut ni ne peut satisfaire à ces exigences. » A la bonne heure. Vous reconnaissez donc qu'il y a des questions sur lesquelles la science positive est nécessairement muette ! Mais le souci de ces questions dénote-t-il des esprits « désœuvrés et inquiets », alors qu'elles portent sur le sens même, sur l'emploi et l'œuvre de la vie ? Ranger parmi les mystiques et les dégénérés tous ceux à qui les chemins de fer et les télégraphes ne donnent pas le parfait contentement de l'esprit et du cœur, c'est oublier que la philosophie et la religion (cette philosophie collective des peuples) ont toujours existé et existeront toujours, tant que l'homme se demandera : Que suis-je ? D'où suis-je venu ? Que dois-je faire et que puis-je espérer ? Loin d'indiquer la décadence, ces hautes préoccupations ont toujours été le signe des époques de renouvellement et de progrès. Quand la foule sent d'instinct la nécessité d'une doctrine du monde et de la vie, il ne faut voir là aucun délire mystique, aucune « inaptitude à l'attention, produite par l'affaiblissement des centres corticaux. » Puisque M. Nordau se plaît à rapprocher la psychologie de la biologie, il eût pu trouver des points de comparaison dans l'instinct qui fait se tourner vers la lumière les êtres même encore dépourvus d'yeux. Projetez un faible rayon dans une eau où nagent des protozoaires, ils n'ont pas d'organes capables de voir et cependant ils sentent la lumière, ils se dirigent vers elle comme vers une condition de vie et de bien-être. Les foules encore imparfaitement conscientes, par un instinct analogue, se tournent vers toute lueur lointaine qui leur semble annoncer un idéal libérateur.

En littérature, quelque chose vient de finir et quelque chose commence. Ce qui finit, c'est le naturalisme brut ; ce qui commence, semble-t-il, c'est une réconciliation du naturalisme et de l'idéalisme. Voilà tout ce qu'on peut conclure des tentatives plus ou moins heureuses qu'ont faites nos décadens et nos symbolistes. Le génie français est loin d'être épuisé.

Alfred Fouillée

Au surplus, si nous avons des détracteurs, nous avons aussi à l'étranger des juges favorables. *Gallia rediviva*, tel est le titre d'une étude publiée en janvier 1895 par l'*Atlantic Monthly*, et où M. Ad. Cohn passe en revue ce qui lui fait croire à une régénération de l'esprit français. Après avoir montré que partout le vieux positivisme et le vieux matérialisme font place au souci croissant des hautes questions morales et sociales, l'auteur termine par ces paroles d'espérance : — « Que la France doive de nouveau, comme nation, adhérer aux dogmes du christianisme, c'est ce dont on peut douter ; mais, sans aucun doute, la France est à la recherche de quelque forme idéale d'inspiration dont la lumière puisse réjouir toutes les âmes sincères ; et ne faut-il pas accueillir une telle recherche par ce mot du plus profond penseur religieux de la France, Pascal : « Tu ne me chercherais pas, si tu ne m'avais déjà trouvé ? »

Section VII

En résumé, ni dans notre caractère national, ni dans nos arts et notre littérature, encore si vivaces, nous n'avons pu découvrir les preuves soi-disant « scientifiques » de notre dégénérescence mentale. Il ne semble pas qu'il y ait eu de grandes modifications, au point de vue purement psychologique, dans le caractère français. Peut-être sommes-nous devenus plus positifs et réalistes, plus défiants à l'égard du sentiment, d'un enthousiasme moins prompt et moins naïf. Depuis une vingtaine d'années, malgré bien des défaillances et des misères, nous avons fait preuve de sagesse, d'un sens plus rassis, d'un patriotisme plus éclairé, d'une volonté plus patiente et plus persévérante. C'est devenu un lieu commun d'accuser notre inconstance et notre facilité au découragement. Dans la guerre de 1870, qui n'était pas une guerre de conquête, mais de défense, une guerre de victoires, mais de défaites, n'avons-nous donc montré ni endurance ni opiniâtreté ? Les expéditions de conquête, après tout, sont une folie passagère, à laquelle trop souvent nous entraînèrent nos chefs : au moindre revers, notre bon sens reprend le dessus ; mais, dans la lutte pour l'intégrité de la France, nous n'avons pu nous résoudre, sans une contrainte absolue, à perdre un membre vivant de la patrie. Et depuis, nous qu'on prétendait oublieux, on ne parle que de notre obstination à nous souvenir des frères d'Alsace-Lorraine. Que nous reproche-t-on donc, à la fin ? Rancune d'amour-propre blessé ? haine de vaincu pour son vainqueur ? Non ; au jeu de la guerre, nous fûmes toujours assez beaux joueurs pour faire bon marché d'un simple revers ; mais, où nous nous croirions déshonorés, c'est par notre indifférence pour le droit des peuples et pour celui de nos compatriotes. Nous n'avons pas la haine de l'Allemagne, mais l'amour de la France et l'horreur de l'injustice.

L'union d'une sensibilité vive et sociable avec une raison claire et lucide — union qui nous a paru le propre du caractère français — ne saurait d'ailleurs aller sans de fréquentes oppositions ; et ainsi s'expliquent dans nos mœurs, dans notre histoire, dans notre politique, tant d'alternatives de liberté et d'asservissement, de révolutions et de routine, de foi optimiste et de découragement pessimiste, d'exaltation et d'ironie, de douceur et de violence, de logique rationnelle et d'emportement irrationnel, de sauvagerie et d'humanité. Il est clair que l'équilibre de la passion et de la raison est éminemment difficile et instable ; c'est pourtant cet équilibre que poursuit sans cesse le caractère français. Notre principale ressource est de nous passionner pour des idées rationnelles et raisonnables. Nous avons le sentiment et de cette nécessité et de cette aptitude : nous tendons à nous fixer nous-mêmes en nous attachant, de pensée et de cœur, à un point fixe conçu par notre raison et placé le plus haut possible.

On a vu nos rivaux insister de préférence, pour soutenir notre infériorité et notre décadence future, sur les ressemblances que notre sensibilité impressionnable peut offrir soit avec celle de l'enfant, soit avec celle de la femme. Mais ces ressemblances tout extérieures ne devraient pas leur voiler les différences profondes. Il est facile de traiter de grands enfants ceux qui ont la foi enthousiaste aux idées et l'ardeur désintéressée à les soutenir ; mais la jeunesse de cœur est-elle si méprisable ? L' « amour du genre humain » est-il un vice ? Et s'il n'y avait rien eu en France que d'enfantin, ou de féminin, ou de « plébéien », aurions-nous à notre heure (une heure qui dura des siècles) dominé le monde, soit par notre puissance politique et militaire, soit par notre ascendant intellectuel ? Non. Nous ne saurions concéder à nos adversaires

Alfred Fouillée

que la patrie des Descartes, des Pascal, des Bossuet, des Corneille, des Molière et des Richelieu ne soit qu'un pays de grands enfants. Tout n'est pas, comme le prétendent Gioberti et Leopardi, frivole et vain dans notre histoire ou dans nos œuvres. Là où ils existent, ces défauts, — qui ne vont pas sans des qualités dont ils sont le revers, — ne tiennent pas à ce que les Français sont de nature enfantine ou féminine ; ils s'expliquent à la fois par notre tempérament nerveux, par notre éducation et par notre esprit de sociabilité. Les rapports sociaux, en effet, exigent parfois qu'on n'approfondisse pas trop toutes choses, qu'on n'appuie pas lourdement, qu'on ne transforme pas une chaise en chaire, une conversation en dissertation. De même, le souci de plaire aux autres et la recherche de leur estime engendre naturellement une certaine vanité, un certain « respect humain ». L'individu ne place plus toute son importance et toute sa valeur en lui-même, il en place une grande partie dans autrui. De même encore, notre douceur de mœurs, nos faiblesses, notre souci de la mode et de l'opinion ne tiennent pas à ce que nous sommes semblables à des femmes, mais à ce que la vie sociale exige cet adoucissement général, ce polissement des angles de l'individualité, cette dépendance de chacun par rapport au sentiment de tous. Faut-il en conclure, comme font Allemands, Anglais et Italiens, que beaucoup de vie sociale ait nécessairement pour conséquence peu de vie personnelle intime et profonde, et que, dans les proportions mêmes où l'une se développe, l'autre s'atrophie ? Oui, si l'on désigne par vie sociale l'existence mondaine ; mais est-ce là une vraie vie sociale, ou n'en est-ce pas plutôt la déviation et l'égarement ? Mieux entendue, l'existence en vue de la société exige, au contraire, une forte personnalité et un haut développement de l'individu. L'idéal que la France a conçu, sans le réaliser assez, et qu'elle doit toujours poursuivre, c'est l'accroissement solidaire de la vie sociale et de la vie individuelle. Son génie demeure non moins utile, non moins nécessaire au monde que le génie des nations voisines, malgré les hommes d'État qui eussent rêvé naguère de soumettre à la domination et à la langue allemandes la France au-dessus de Lyon, à la domination et à la langue italiennes la France au-dessous de Lyon.

Le choix des héros populaires est un fait de grande importance pour la psychologie des peuples. Les héros, en effet, sont tout ensemble des exemplaires typiques de la race et des modèles idéalisés qu'elle se propose. Un Allemand a dit avec vérité qu'une nation de Napoléons n'a jamais pu exister, mais qu'il y eut un moment où le secret désir de chaque Français eût été d'être un Napoléon. Ce Napoléon idéal était d'ailleurs fort loin du personnage historique, — qu'aujourd'hui même, après tant d'études contradictoires, nous ne pouvons nous flatter de bien connaître. Vercingétorix, Charlemagne, saint Louis, Jeanne d'Arc, Vincent de Paul, Bayard, Henri IV, Turenne, Condé, d'Assas, Mirabeau, Napoléon, voilà les grands héros de la France, dont la physionomie, réelle ou imaginaire, est bien connue. Les plus populaires sont Jeanne d'Arc et Napoléon, ce dernier érigé en une personnification de la Révolution française et de la gloire française. L'esprit classique de la France a fait assurément subir à ses grands hommes des transformations qui les rapprochent des héros convenus de la tragédie cornélienne ou racinienne ; mais c'est toujours par le courage et le mépris de la mort, par l'élan irrésistible et l'expansion victorieuse, par la grandeur d'âme et l'esprit chevaleresque, par le dévouement à la patrie ou à l'humanité, par l'amour de la « liberté », des « lumières » et du « progrès » que les héros de France ont séduit les imaginations populaires, simples et spontanées. Ce sont des symboles moins de la réalité historique que de l'idéal présent à l'âme de la nation. Or, on ne saurait nier que cet idéal, pour le caractériser d'un seul mot, soit un idéal de générosité. Aux yeux de certaines nations, être généreux, c'est être « dupe ». Sans doute la générosité doit être éclairée, et les « idées » ne sont des forces qu'à la condition de ne pas être en contradiction avec la réalité. Mais ce n'est pas par trop d'amour et de dévouement pour les idées que les peuples pèchent aujourd'hui ; tout au contraire. Le scepticisme, le prosaïsme utilitaire, la corruption financière, l'étroite politique des partis et des intérêts, la lutte égoïste des classes, voilà les maux qu'il faut partout combattre au nom des idées. Si la France voulait renoncer à son culte de l'idéal, à son génie désintéressé, social et humain, elle perdrait, sans compensation possible, ce qui a toujours fait sa vraie puissance morale. Ne forçons point notre talent.

Alfred Fouillée

Notes

1.   Voir les belles pages de M. Lanson, dans son Histoire de la littérature française.

2.   W. -C. Brownell, French traits, an essay in comparative criticism ; 1889.

3.   Par exemple : « Le gouvernement provisoire de la République,

« Convaincu que la grandeur d'âme est la suprême politique, que chaque révolution opérée par le peuple français doit au monde la consécration d'une vérité philosophique de plus, etc., etc., décrète... »

4.   Voir, outre Viollet-le-Duc, le bel ouvrage de M. Gonse : la Sculpture française depuis le XIVe siècle (1895).

5.   Des associations maçonniques, obéissant à un maître d'œuvre, se portent là où des travaux les appellent, émigrent et construisent le petit nombre de cathédrales gothiques qu'on trouve hors de France, à Salisbury, puis à Bruxelles, où elles bâtissent Sainte-Gudule, à York, à Burgos, à Cologne, où elles imitent Amiens, à Londres, où elles construisent l'abbaye de Westminster.

6.   Extrait d'une Cinquième lettre à un royaliste savoisien, écrite en 1793, qui est aux mains de M. le comte de Maistre.

7.   Pendant toute son adolescence, Napoléon a en haine les Français, qui ont pris la Corse ; il regrette que le libérateur Paoli n'ait pas réussi. S'épanchant avec Bourrienne : « Je ferai à tes Français, lui dit-il, tout le mal que je pourrai. » — « Il méprisait, dit Mme de Staël, la nation dont il voulait les suffrages. » — « Mon origine, dit-il lui-même, m'a fait regarder par tous les Italiens comme un compatriote (Mémorial, 6 mai 1816). » Lorsque le pape hésitait à venir le couronner, « le parti italien, dans le conclave, raconte-t-il, l'emporta sur le parti autrichien, en ajoutant aux raisons politiques cette petite considération d'amour-propre national : — Après tout, c'est une famille italienne que nous imposons aux barbares pour les gouverner : nous serons vengés des Gaulois. »

8.   Mémoires de Mme de Rémusat, I. 273, 392 ; III, 153.

9.   Kant remarque, en passant, combien il est difficile de

traduire en d'autres langues, surtout en allemand, certains mots français, dont les nuances fines représentent plutôt le caractère même de la nation que des objets déterminés : « esprit (au lieu de bon sens), frivolité, galanterie, petit-maître, coquette, étourderie, point d'honneur, bon ton, bon mot, etc. » On voit que, pour Kant, nous sommes toujours au XVIIIe siècle.

10.   L'Évolution littéraire chez les divers peuples (1894).

ISBN : 978-1545406434

www.ingramcontent.com/pod-product-compliance
Lightning Source LLC
Chambersburg PA
CBHW072023280526
45788CB00007B/2644